Las plantas

por Christine Wolf

Las partes de una planta

Hay muchos tipos de plantas. Las plantas tienen diferentes partes. Cada parte tiene una función. Esas partes ayudan a la planta a obtener las cosas que necesita para vivir.

Los **nutrientes** son las sustancias que los seres vivos necesitan para vivir y crecer. Se encuentran en el suelo y el agua.

espadaña

cactus

¿Qué necesita una planta para vivir?

- agua
- aire
- luz del Sol
- espacio
- nutrientes

Planta con flores

Las plantas tienen diferentes partes. Las cuatro partes principales son las raíces, el tallo, las hojas y las flores.

3

flor

hoja

tallo

raíces

Cada parte de una planta la ayuda.

Las **raíces** mantienen la planta en el suelo. También toman nutrientes y agua del suelo.

El **tallo** mantiene la planta derecha. Los nutrientes y el agua suben por el tallo, desde las raíces hasta las hojas.

El tallo de este arbolito es corto. El tallo de este árbol es muy alto.

Las **hojas** son las fábricas
de alimento de la planta. Las
hojas producen el alimento
para la planta con luz
del Sol, aire y agua.

vaina de
la semilla

**vaina de
la semilla**

semilla

Muchas plantas tienen
flores. En la **flor** se producen
las semillas. Las semillas se
convierten en plantas nuevas.

Las semillas se esparcen

Las semillas necesitan espacio para crecer. *Esparcir* significa dispersar, o repartir en lugares diferentes. Cuando las semillas se esparcen, encuentran espacio para crecer.

Las personas esparcen las semillas. El agua, el aire y el viento también esparcen las semillas. Los animales también esparcen las semillas.

El aire esparce estas semillas de diente de león.

Los cocos son semillas. Flotan en el agua
y se esparcen.

Plantas con flores y plantas sin flores

Hay dos grupos de plantas. Un grupo tiene flores. El otro grupo no tiene flores.

Las plantas con flores crecen de muchos tamaños y formas. La margarita es una planta que da flores.

Este naranjo es un árbol que da flores.
Las flores se convierten en frutos que cubren
y protegen las semillas.

Plantas sin flores

Algunas plantas no tienen flores. Aun así, pueden producir nuevas plantas.

Los pinos no tienen flores. Tienen conos. De los conos caen semillas. De esas semillas crecen nuevos árboles.

cono

Los musgos y los helechos crecen en lugares húmedos con sombra. No dan flores. Tampoco producen semillas. Estas plantas tienen otras partes que les permiten producir plantas nuevas.

¿Dónde crecen las plantas?

Las plantas crecen en muchos lugares.
Todos los seres vivos y las cosas sin vida que rodean
una planta forman el **ambiente** de esa planta.

Las plantas están **adaptadas** para vivir en ambientes diferentes. Esto significa que tienen partes que les permiten vivir en su ambiente.

Plantas en ambientes de bosque

En un ambiente de bosque hay estaciones. Las plantas del bosque resisten el frío del invierno, la lluvia de la primavera, el calor del verano y el fresco del otoño.

Las plantas en ambientes de bosque están adaptadas para sobrevivir los cambios de cada estación.

Agujas de pino albar

El pino albar tiene hojas cerosas que parecen agujas. Son finas, pero duras. Resisten el hielo y la escarcha. El ocozol es un árbol que también está adaptado para los cambios de estaciones. Sus hojas son verdes y brillantes en primavera y verano. Cuando hace frío, las hojas cambian de color y se caen. Así el árbol guarda alimento y agua para el invierno.

ocozol

Plantas que viven cerca del agua

Algunas plantas viven en el agua o cerca de ella. Esas plantas están adaptadas para vivir en ambientes húmedos.

Los nenúfares están adaptados para vivir en estanques. Sus hojas son anchas y verdes. Flotan en el agua y reciben la luz del Sol. Así obtienen lo que necesitan para producir su propio alimento.

nenúfar

Plantas en ambientes de pradera

En un ambiente de **pradera** hay muchas hierbas y pocos árboles.

En las praderas, los veranos son muy calurosos. Llueve poco. Algunas plantas están adaptadas para guardar agua.

El euforbio florido está adaptado para la vida en la pradera. Tiene raíces muy profundas. Sus raíces encuentran agua aun cuando llueve poco.

euforbio florido

19

Plantas en ambientes de desierto

Un ambiente de desierto puede ser muy caliente de día y frío de noche. En los desiertos llueve poco.

La biznaga es un cactus que está adaptado para el calor seco del desierto. Almacena agua en su interior. Sus espinas lo protegen de los animales que tienen sed.

biznaga

En las puntas espinosas de los cactus se forman gotas de rocío. Las gotas caen al suelo y así la planta obtiene agua.

Los cactus llamados piedra viva están adaptados de tal forma que parecen piedras reales. De esa manera, ¡los animales sedientos del desierto no se los comen!

cactus piedra viva

Plantas de las marismas

Una marisma es un ambiente húmedo. El suelo no tiene muchos nutrientes allí. Las plantas de las marismas están adaptadas para vivir en ese tipo de suelo.

Las nepentes atrapan insectos para obtener nutrientes. Los insectos se meten dentro de la planta. Entonces la planta se cierra y los atrapa.

Las plantas tienen tamaños y formas diferentes. Pueden vivir casi en todas partes. ¿Qué tipos de plantas viven en tu zona?

Glosario

adaptado   que ha cambiado para vivir en un ambiente determinado

ambiente   todos los seres vivos y cosas sin vida que rodean a las plantas y los animales

flor   la parte de la planta que produce las semillas

hojas   la parte de la planta que hace el alimento de la planta

nutrientes   las sustancias que los seres vivos necesitan para vivir y crecer

pradera   terreno plano cubierto de hierbas y con pocos árboles

raíces   partes de la planta que toman agua y nutrientes del suelo

tallo   la parte de la planta que lleva agua y nutrientes a las hojas